27

ALFRED DE VIGNY

UDE MORALE ET LITTÉRAIRE

PAR

LE Cte EUGÈNE DE PORRY.

MARSEILLE

OGRAPHIE ET LITHOGRAPHIE ARNAUD ET Cᵉ

CANNEBIÈRE, 10.

1864

Tiré à 200 exemplaires.

ALFRED DE VIGNY

ÉTUDE MORALE ET LITTÉRAIRE

Le 17 septembre 1863 est désormais une date lugubre pour les âmes d'élite, pour les hommes distingués dont le cœur palpite en présence de tout ce qui est beau, noble, grand et vrai dans le monde serein des arts.

Ce jour-là, une mort prématurée a pris à la France un grand poète et un noble cœur, un éminent génie, dont l'âme candide et pure se reflète dans les œuvres impérissables dont il a si heureusement agrandi le domaine de la Pensée.

Pourquoi ne l'avouerions-nous pas tout simplement nous-même?... ce jour fatal a été et sera pour l'auteur de ces lignes un jour de deuil et de douleur sincères ; car la lecture de ce poète favori est depuis longtemps pour nous une nourriture intellectuelle, une consolation et un raffermissement moral dans ces amertumes et ces luttes de la vie, dont nous, champions de l'arène littéraire, grands ou petits, avons plus ou moins notre part.

Puisse cette appréciation, dictée surtout par la sympathie et la reconnaissance, n'être pas trop indigne du beau génie qui nous l'inspire!...

Le comte Alfred de Vigny naquit à Loches (Indre-et-Loire), le 27 mars 1799. La mère de notre poète était fille de l'amiral de Baraudin et cousine du baron de Bougainville, ce grand navigateur qui chercha vainement les traces de l'infortuné Lapeyrouse.

Le père du chantre d'*Eloa*, ancien officier supérieur de cavalerie, avait fait briller sa valeur, sous Louis XV, dans la guerre de Sept-Ans. C'est sur les genoux du soldat-gentilhomme, au récit émouvant de ses campagnes et à la vue de ses glorieuses blessures, qu'Alfred de Vigny prit le germe de cet enthousiasme fiévreux pour le jeu sanglant des batailles, passion qui lutta longtemps avec les entraînements plus doux et plus pacifiques de la muse, qui, dès son enfance, avait commencé à gazouiller dans son cœur. D'ailleurs, l'âme ardente et impressionnable d'un poète subit

toujours plus fortement que les autres l'influence
de l'atmosphère morale où le sort l'a placée. Or, à
l'époque où Alfred de Vigny terminait ses études,
le premier Empire était encore dans tout l'éclat de
son héroïque apogée ; la guerre était dans l'air ;
les rêves de gloire étaient dans toutes les têtes.
Ecoutons ce que nous dit notre auteur lui-même,
dans cette diction élégante et imagée qui est son
cachet perpétuel : « A la fin de l'Empire, je fus un
» lycéen distrait. La guerre était debout dans le
» lycée; le tambour étouffait à mes oreilles la voix
» des maîtres, et la voix mystérieuse des livres
» ne nous parlait qu'un langage froid et pédan-
» tesque. Les logarithmes et les tropes n'étaient à
» nos yeux que des degrés pour monter à l'étoile
« de la Légion-d'Honneur, la plus belle étoile des
« cieux pour des enfants. » Et, plus que ses jeu-
nes compagnons d'études, le futur poète ne rêvait
qu'épaulette, shako, brillant uniforme, combats,
musique guerrière, coups de sabre, coups de ca-
non, charges de cavalerie, bataillons enfoncés et
chants de victoire! Cela venait au point, que
sa famille était épouvantée de son délire ; mais
comme, après tout, la voix de la France devait,
dans un avenir très-prochain, appeler Alfred sous
ses drapeaux, on aima mieux le voir se lancer
dans un excès de courage que dans un excès de
peur. Toutefois, au milieu de ces aspirations bel-
liqueuses, la muse commençait à parler; et, après

une lecture sympathique des *Confessions* de saint
Augustin, de Vigny aligna, sur ce sujet, quelques rimes, qu'il courut, triomphant, montrer
à sa mère.

— « Ah ! s'écria la comtesse en poussant un cri
de joie, est-il donc vrai, « mon cher fils, tu seras
« poète un jour ! »

— « Moi ?... pas le moins du monde ! Je veux
être lancier rouge ! » répondit notre héros obstiné.

Mais l'étoile du César moderne pâlit soudain et
tomba des cieux. Survinrent les funestes événements de 1814 : Alfred de Vigny entrait alors dans
sa seizième année. Le jeune comte, qui, comme
tous les poètes, n'a jamais pu se fixer dans une
opinion politique bien décidée, mais que sa naissance et les principes traditionnels de sa famille
plaçaient logiquement sous la bannière des Bourbons rétablis, entra dans la compagnie des *Gendarmes de la garde du roi*, dont chaque soldat
avait le grade de lieutenant de cavalerie.

Après l'épisode si humiliant et si désastreux
pour la France de la bataille de Waterloo, M. de
Vigny vit avec douleur s'évanouir sa gigantesque
espérance de devenir l'Achille d'une nouvelle Iliade.
Quelques années plus tard, en 1823, notre poète
demanda comme une grâce et obtint de faire partie
de cette expédition d'Espagne, que le gouvernement de la Restauration avait cru devoir entreprendre pour prêter main forte à Ferdinand VII

qui se trouvait en désaccord sérieux avec ses sujets. Mais, ô désespoir et déception nouvelle! le duc d'Angoulême eut la fatale idée de laisser le régiment de ce Tyrtée en herbe, qui brûlait de se battre, dans les Pyrénées avec le corps de réserve!.. Heureusement la muse dont la voix grandissait toujours plus enchanteresse et plus vibrante, tint compagnie au poète au sein des montagnes, et les rocs agrestes des Pyrénées virent naître ses principales productions en vers, remarquables par la forme élégante, la sage sobriété du trait et le charme inimitable d'une diction parfaitement originale.

La muse fit mieux encore : elle fit comprendre au poète que, chez lui, l'instinct de la guerre n'était qu'un instinct factice ; car les artistes, trop prompts à tout idéaliser, ne revêtent que trop souvent d'une magique auréole bien des choses et bien des personnes qui ne méritent pas cet honneur.

De retour à Paris, le jeune comte, livré à la prosaïque banalité de la vie de garnison, ne tarda point à se guérir radicalement de ses velléités homériques. A quoi passaient le temps les officiers royalistes, ses camarades? A fumer, boire, hanter les estaminets, courir la grisette. La nature de M. de Vigny, nature aux sentiments élevés, aux impressions délicates, et un peu tournée à la mélancolie, comme est le caractère de tous les poètes, répugnait à ces occupations abrutissantes, à ces grossiers plaisirs. Entièrement dégoûté du service militaire, il demanda son congé, se maria, vit dès lors la guerre et la profession des armes sous leur vrai jour, et consigna ses réflexions judicieuses et profondes dans son bel ouvrage philosophique qui a pour titre : Servitude et grandeur militaires.

Cet ouvrage, Stello, autre travail philosophique, et Cinq-Mars, roman historique, sont trois des plus beaux monuments de la prose française au XIXᵉ siècle; car, ainsi que Voltaire, Alfred de Vigny brille à la fois comme excellent poète et prosateur éminent. Nous reviendrons en détail sur ces œuvres en prose ; pour le moment, nous allons examiner les travaux poétiques de notre grand écrivain qui eut le bon esprit de ne jamais sortir de sa sphère naturelle, d'être toujours poète et de ne vouloir être que poète, — ce qui est bien suffisant pour la gloire.

Les poèmes de M. de Vigny, peu étendus pour la plupart, n'en sont pas moins de véritables petits chef-d'œuvres. Voici les sujets choisis par une inspiration éminemment cosmopolite :

Héléna, — *Moïse,* — *Eloa,* — *Le Déluge,* — *La fille de Jephté,* — *La Femme adultère,* — *La Somnambule,* — *La Dryade* et *Symétha,* imitations de l'antique, — *Le Bain d'une dame romaine,* — *Dolorida,* — *l'Ode au Malheur,* — *La Prison,* — *Madame de Soubise,* — *La Neige,* — *Le Cor,*

— *Le Bal*, — *Le Trappiste*, — *La Frégate*, — *Les Amants de Montmorency*, — et *Paris*, élévation poétique.

Presque toutes ces compositions ont le mérite d'exprimer, sous la forme enchanteresse et durable du vers, un enseignement historique ou une pensée philosophique.

La *Dryade* et *Symétha*, que notre poète, génie précoce, écrivit à l'âge de seize ans, sont deux charmantes idylles imitées de Théocrite. C'est la manière fraîche et suave d'André Chénier, avec moins d'ampleur et de simplicité dans le style, mais certainement avec des couleurs plus chatoyantes, avec une élégance et une harmonie bien plus exquises.

Héléna, — poème que nous regrettons de ne pas connaître, parce que l'auteur, toujours trop sévère pour lui-même, ne l'a pas réimprimé, — *Héléna* fut inspiré, en 1825, par la sympathie du poète pour la Grèce insurgée. Nous en avons lu sur un *Album* un fragment qui peint à merveille l'ivresse morale où le dogme du fatalisme monte le cerveau des Musulmans.

Moïse nous représente cet isolement intellectuel qui fait tout à la fois la grandeur et le tourment de ces hommes rares marqués de l'empreinte du génie. Si forte et si élevée que soit une âme, elle est toujours brûlée de la soif dévorante de trouver une autre âme qui la comprenne et la complète. Ce bon-

heur, si difficile à réaliser, s'est néanmoins ren-
contré quelquefois; voilà le secret de ces amitiés,
historiquement célèbres, d'Horace et de Virgile, de
Racine et de Boileau, de Schiller et de Gœthe,
de Pouchkine et de Joukovski. Mais ici, comme
toujours, l'exception confirme la règle, — ce que M.
de Vigny exprime d'une manière si saisissante par
le symbole de *Moïse* solitaire et plaintif sur la mon-
tagne. Moïse est fort, Moïse est grand; mais Moïse
n'est pas heureux. On le craint, on l'admire, mais
on ne l'aime pas, parce qu'on redoute sa verge
directrice et vengeresse qui ne frappe que pour le
bien, mais qui n'en châtie pas moins une foule
ignorante et grossière. Aussi le grand législateur
reproche presque à Dieu le pouvoir qu'il lui a donné,
la gloire dont il l'a revêtu; il en a assez des honneurs
de ce monde; il renonce à *entrer dans la terre
promise*; il veut mourir!... Écoutez ses gémisse-
ments :

Sitôt que votre souffle a rempli le berger,
Les hommes se sont dit : *Il nous est étranger.*
Et leurs yeux se baissaient devant mes yeux de flamme.
. . . .
Pour dormir sur un sein, mon front est trop pesant.
Ma main laisse l'effroi sur la main qu'elle touche;
L'orage est dans ma voix, l'éclair est sur ma bouche;
Aussi, *loin de m'aimer, voilà qu'ils tremblent tous !*
. . . .
O Seigneur, j'ai vécu *puissant et solitaire....*
Laissez-moi *m'endormir du sommeil de la terre !*

Eloa nous peint le sentiment de l'amour dans sa
nuance la plus délicate et la plus précieuse, — la
Pitié! Née d'une larme du Christ, Eloa, cette ange-
femme, éprouve le besoin d'aimer et de consoler ;
mais aucun des beaux séraphins qui peuplent le
ciel n'a pu conquérir sa sympathie. Personne ne
souffre au paradis ; qui donc consolerait-elle ? Elle
entend dire qu'il est un ange, le plus puissant et
le plus beau de tous, qui fut jadis exilé du séjour
céleste pour cause d'orgueil et de rébellion. Elle se
sent émue, s'intéresse à ce malheur ; et, sans réflé-
chir sur les conséquences de sa démarche, elle
s'élance à travers l'espace infini pour chercher cet
ange inconnu, ce frère déshérité qu'elle veut consoler !... Mais hélas ! la compatissante Eloa,
qu'emporte son imprudente curiosité, a franchi,
presque sans s'en apercevoir, la limite qui sépare
les régions bienheureuses des ténébreuses régions
du chaos et de l'enfer. Or, jamais les purs esprits,
les anges de lumière, ne s'aventurent à dépasser
cette limite ; ils connaissent le danger !.....

Même les Chérubins, si forts et si fidèles,
Craignent que l'air impur ne manque sous leurs ailes ;
Et qu'ils ne soient forcés, dans ce vol dangereux,
De tomber jusqu'au fond du chaos ténébreux !...
Que deviendrait alors l'exilé sans défense ?
Du rire des démons l'inextinguible offense,
Leurs mots, leurs jeux railleurs, — lent et cruel affront, —
Feraient baisser ses yeux, feraient rougir son front.

Dans les vers suivants, le poète se rencontre,

qu'il le veuille ou non, avec le théosophe Své-
denborg, sur le sens moral du dogme de l'enfer.
D'après l'idée du penseur suédois, les esprits im-
purs vout au séjour maudit, non *par force*, mais
en vertu de leur propre volonté et d'une *attraction
naturelle* pour le mal.

> Péril plus grand ! peut-être il lui faudrait entendre
> Quelque chant d'abandon voluptueux et tendre,
> Quelque regret du Ciel, un récit douloureux
> Dit par la douce voix d'un ange malheureux ;
> Et même, en lui prêtant une oreille attendric,
> Il pourrait *oublier la céleste patrie,*
> *Se plaire dans la nuit, et dans une amitié*
> *Qu'auraient nouée entre eux les chants et la pitié.*
> Et comment remonter à la voûte azurée
> Offrant à la lumière éclatante et dorée
> Des cheveux dont les flots sont épars et ternis,
> Des ailes sans couleur, des bras, un col brunis,
> Un front plus pâle, empreint de traces inconnues
> Parmi les fronts sereins des habitants des nues ;
> Des yeux dont la rougeur montre qu'ils ont pleuré,
> Et des pieds noirs encor d'un feu pestiféré !...
> Voilà pourquoi, toujours prudents et tonjours sages,
> Les Anges, de ces lieux évitent les passages.

Et c'était là pourtant que la candide Eloa por-
tait son vol inconsidéré !..... Elle ne tarde guère,
pour son malheur , à rencontrer celui qu'elle
cherche :

> Là, comme un ange assis, jeune, triste et charmant,
> Une forme céleste apparut vaguement.
> Sa robe était de pourpre, et, flamboyante ou pâle,
> Enchantait les regards des teintes de l'opale.

Ses cheveux étaient noirs, mais pressés d'un bandeau ;
C'était une couronne, ou peut-être un fardeau ;
L'or en était vivant comme ces feux mystiques
Qui, tournoyants, brûlaient sur les trépieds antiques.
Son aile était ployée, et sa faible couleur
De la brume des soirs imitait la pâleur.

Le mystérieux inconnu lui parle ; mais. hélas !
quel langage étrange pour les oreilles d'une habi-
tante des cieux !...

« Je suis celui qu'on aime et qu'on ne connaît pas.
Sur l'homme j'ai fondé mon empire de flamme,
Dans les désirs du cœur, dans les rêves de l'âme ;
Dans les liens des corps, attraits mystérieux ;
Dans les trésors du sang, dans les regards des yeux.
C'est moi qui fais parler l'épouse dans ses songes ;
La jeune fille heureuse apprend d'heureux mensonges ;
Je leur donne des nuits qui consolent des jours :
Je suis le roi secret des secrètes amours.
J'unis les cœurs ; je romps les chaînes rigoureuses... »

A ce discours impur, qui lui dévoile à demi des
secrets qu'elle ignore, la vierge céleste, se trouble,
rougit... Sa pudeur effarouchée lutte encore contre l'atmosphère fascinatrice dont l'enveloppe
l'ange séducteur ; mais, la pitié l'entraînant, elle
est déjà perdue à demi !... En vain la voix du
ciel la rappelle , lui crie de remonter au plus
vite !... Elle hésite, elle s'arrête, la malheureuse !...
Toutefois, elle tente de faire pénétrer dans le cœur
du maudit la langue des cieux :

Puisque vous êtes beau, vous êtes bon sans dou tel.....
Car, sitôt que des cieux une âme prend la route,
Comme un saint vêtement, nous voyons sa bonté
Lui donner en entrant l'éternelle beauté.
Mais pourquoi vos discours m'inspirent-ils la crainte?
Pourquoi sur votre front tant de douleur empreinte?
Comment avez-vous pu descendre du saint lieu ;
Et comment m'aimez-vous, si vous n'aimez pas Dieu?

A cette voix douce et pure, le réprouvé s'émeut à son tour ; un remords s'éveille en son âme... Mais, hélas! ce n'est qu'un éclair fugitif. L'orgueil et la ruse triomphent ; il redouble ses pièges. Une dernière fois, la vierge céleste jette un regard vers ce séjour de lumière et de pureté qu'elle abandonne ; elle veut fuir..... mais le séducteur insiste, pleure.... Elle tombe!... C'en est fait ; les cieux ne la reverront plus!.:...

— Où me conduisez-vous, bel ange? — Viens toujours.
— Que votre voix est triste et quel sombre discours!...
N'est-ce pas Eloa qui soulève ta chaîne?
J'ai cru t'avoir sauvé. — Non, c'est moi qui t'entraîne.
— Si nous sommes unis, peu m'importe en quel lieu ;
Nomme-moi donc encore ou ta sœur ou ton Dieu!
— J'enlève mon esclave et je tiens ma victime.
— Tu paraissais si bon!... Oh! qu'ai-je fait? — Un crime.
— Seras-tu plus heureux, du moins?... Es-tu content?
— Plus triste que jamais. — Qui donc es-tu?.....

« Satan! » répond d'une voix dure et sèche le triomphateur ; car il n'aime point l'ange candide que son cœur a entraînée ; mais il la veut comme

une proie. La malheureuse s'aperçoit enfin, trop
tard, de son erreur. Cruelle déception ! l'être à
qui elle s'est donnée sans le connaître, c'est Satan, c'est-à-dire, l'ange du mal, celui qui ne sau-
rait aimer, celui qui ne veut que perdre et mau-
dire ! Mais, ô touchante abnégation de l'amour !
Elle saura se résigner à sa chute, et tâchera même
d'oublier les cieux, si sa douce voix parvient à
consoler le maudit, et à faire germer dans son
cœur..... qui sait ?.... un sentiment de repentir
sincère !...

Seras-tu plus heureux, du moins ?... es-tu content ?...

Peut-on mieux peindre, que par ce vers exquis,
ce sublime dévouement de l'amour qui sacrifie
tout à l'être aimé.... oui, tout, jusqu'à la vie,
jusqu'au bonheur personnel !

Par un contraste piquant, le *Somnambule* et
Dolorida nous rappellent l'amour dans ses effets
sanglants et tragiques ; *Dolorida* surtout nous
peint cette passion égoïste et brûlante qui,
sous le ciel de l'Andalousie, met le poignard ou
le poison aux mains de l'amant trompé ou de l'a-
mante délaissée, et jette à l'infidèle ce terrible pro-
verbe : *Yo amo mas a tu amor que a tu vida !* —
Un jeune seigneur espagnol, heureux possesseur
d'une jolie épouse, a, dans un regrettable moment d'oubli, brûlé l'encens passager du caprice
aux pieds d'une autre beauté. La femme légi-

time vient à l'apprendre : elle s'indigne, se cour-
rouce, son sang s'allume, ses mains se crispent,
ses bras se tordent .... ses yeux versent des pleurs
de rage ; c'est résolu ! l'époux volage mourra!....
Un breuvage homicide est furtivement versé dans
son sein !....

Atteint d'un mal subit, le jeune cavalier revient
tomber aux genoux de sa femme !.... La douleur
le déchire, le remords le navre .... Il va mourir,
il le sent !.... Il implore un pardon généreux :

> Je viens te dire adieu.... je me meurs.... tu le vois !
> Dolorida, je meurs !.... Une flamme inconnue,
> Errante, est de mon sang jusqu'au cœur parvenue.
> Mes pieds sont froids et lourds, mon œil est obscurci ;
> Je suis tombé trois fois en revenant ici !....
> Hélas! devant la mort montre un peu d'indulgence !

Mais l'épouse trahie reste inflexible, et répond
d'une voix dure :

> La mort n'est que la mort, et n'est pas la vengeance !

Le mari repentant continue de lui exprimer,
d'une voix faible et mourante, ses regrets et son
amour :

> Écoute-moi !... Je veux
> Que ton âme apaisée entende mes aveux.
> Je jure, — et, tu le vois, en expirant, ma bouche
> Jure devant ce Christ qui domine ta couche ;
> Et, si par leur faiblesse ils n'étaient pas liés,
> Je lèverais mes bras jusqu'au sang de ses pieds ; —
> Je jure que jamais mon amour égarée
> N'oublia loin de toi ton image adorée !....

L'infidélité même était pleine de toi :
Je te voyais toujours entre ma faute et moi ;
Et sur un autre cœur mon cœur rêvait tes charmes
Plus touchants par mon crime et plus beaux par tes larmes !....
Séduit par ces plaisirs qui durent peu de temps,
Je fus bien criminel.... mais, hélas ! j'ai vingt ans !

Dolorida demande sèchement à son époux si sa rivale l'a vu souffrir. Sur la réponse affirmative, la jalouse beauté paraît satisfaite et boit le reste du mortel breuvage. Elle est doublement vengée ; mais elle a perdu ses illusions et sa confiance !.... La vie n'a plus de charmes pour elle.

Le Somnambule, pièce aussi dramatique, a une teinte encore plus originale. Un jeune Romain a épousé, sans l'aimer, la brune Néra ; et, revenant toujours, comme on dit, à ses premières amours, continue d'offrir un secret hommage à la blonde Corinne. Ce Romain, somnambule, voit en esprit une infidélité de sa maîtresse qui s'est laissée entraîner par un nommé Pollion. Toujours dormant, il s'élance hors de la couche nuptiale, et, aux yeux de sa femme effrayée, marche dans la chambre avec des mouvements convulsifs. En proie au délire de la jalousie, il saisit un poignard..... mais, par une erreur funeste, il le lève sur Néra qu'il prend pour Corinne. A ce nom de *Corinne* qui s'échappe des lèvres frémissantes de son époux, la malheureuse Néra apprend, avec une cruelle surprise, qu'on la trompe et qu'on ne l'a point aimée !..... Désespérée, elle vole elle-même au devant du coup meurtrier... elle tombe baignée de sang.... et le bruit de sa chute réveille son époux qui s'aperçoit, avec une douloureuse épouvante, qu'il vient d'immoler sa femme au lieu de sa maîtresse!....

Les Amants de Montmorency, pièce extrêmement touchante, nous peignent un jeune couple qui s'aime; mais qui, repoussé par le monde, cerné par la misère, après avoir jeté un dernier regard sur les beautés de la nature, va se donner un trépas obscur sous le toit d'une humble hôtellerie! Notre poète, qui sait frapper si vivement au cœur, réclamera tout-à-l'heure, dans *Stello*, pour l'artiste indigent, le droit de vivre!... ici, avec la compassion la plus navrante, il réclame pour les amants malheureux le droit de mourir !...

Une des plus belles productions de M. de Vigny, celle qui atteste, selon nous, le plus de vigueur dans la forme et le plus d'élévation dans la pensée, — c'est le *Trappiste*. Ce poème, inspiré par l'expédition d'Espagne, en 1823, dont l'auteur fut, comme nous avons dit, un témoin oculaire, nous dessine, avec le burin de Tacite et le pinceau de Corneille, le faible et lâche Ferdinand VII, ce sang dégénéré des Bourbons, désavouant sa garde au moment même où elle meurt pour lui, et baissant la tête devant la révolte, non par conviction, mais par peur !!!... Un de ces satellites royaux, si odieusement trahis par leur maître, est parvenu miraculeusement à se dérober au massacre ; et, rejoignant dans les montagnes l'*armée de la foi,* — ce qui veut dire les partisans du pouvoir absolu, — leur raconte en ces termes l'inqualifiable conduite du monarque :

Nos combats sont finis, dit-il, en un seul jour;
Nos taureaux ont quitté le cirque, et sans retour,
Puisque le spectateur à qui s'offrait la lutte,
N'a pas daigné lui-même applaudir à leur chute ! ! !
Partant avec le jour, qui se levait sur nous
Brillant, mais dont le soir n'est pas venu pour tous,
Au palais, dont le peuple envahissait les portes,
En silence, à grands pas, marchaient nos trois cohortes.
Quand le balcon royal à nos yeux vint s'offrir,
Nous l'avons salué ; car nous venions mourir !...
Mais — comme à notre voix il n'y paraît personne, —
Aux cris des révoltés, à leur tocsin qui sonne,
A leur joie insultante, à leur nombre croissant,
Nous croyons le Roi mort, parce qu'il est absent ;
Et, gémissant alors sur de fausses alarmes,
Accusant nos retards, nous répandions des larmes.
Mais un bruit les arrête... et, passé dans nos rangs,
Fait presque de leur mort repentir nos mourants :
Nous n'osons plus frapper, de peur qu'un plomb fidèle
N'aille blesser le Roi dans la foule rebelle !...
Déjà, le fer levé, s'avancent ses amis
Par nos bourreaux sanglants à nous tuer admis ! ! !
Nous recevons leurs coups longtemps avant d'y croire,
Et notre étonnement nous ôte la victoire !...
En retirant vers vous nos rangs irrésolus,
Nous combattions toujours.... mais nous ne pleurions plus ! ! !

2

Bref, l'ensemble des compositions en vers d'Alfred de Vigny nous offre le prisme d'une véritable encyclopédie poétique où se reflètent, avec le contraste de leurs couleurs variées, le monde oriental à côté du monde hellénique, le moyen-âge à côté des temps modernes. Et toutes ces compositions se distinguent par un poli parfait, une correction ravissante, le plus harmonieux accord de la forme avec l'idée, — à tel point qu'après avoir minutieusement épluché, examiné, pour ainsi dire, à la loupe ce poète favori, nous pouvons assurer que, dans notre impression personnelle, sur dix milliers de vers environ qui ont vu le jour, il en est tout au plus une vingtaine que nous désirerions supprimés ou refaits!

M. de Vigny qui, quelque temps après son mariage, avait publié son célèbre roman de CINQ-MARS, demeura une quinzaine d'années sans plus rien livrer à la presse; puis, en 1843, inséra dans la *Revue des deux Mondes* quatre poèmes philosophiques, intitulés : *la Sauvage, la Flûte, la Mort du Loup, le Christ au Jardin des Oliviers.* Ces derniers poèmes sont restés inédits dans leur ensemble. On a dit que leur mérite était inférieur à celui des précédents : il est vrai qu'ils furent moins remarqués; mais nous, qui les avons curieusement cherchés et découverts avec quelque peine dans le poudreux recueil de M. Buloz, nous dirons sincèrement que nous regrettons que l'auteur, tou-

jours trop modeste et trop défiant envers sa muse,
n'ait pas fait entrer ces poèmes dans les éditions
récentes de ses œuvres. Non seulement le grand
poète nous y a paru toujours égal à lui-même ;
mais nous ajouterons qu'il y revèle, avec une ten-
dance philosophique plus étendue et plus pro-
fonde, une suavité mélancolique plus onctueuse et
plus calmante que dans ses inspirations primi-
tives.

Ajoutons que ce talent si souple et si varié a
réussi dans la poèsie dramatique, comme dans la
narrative et la lyrique. — *Chatterton*, *la Maré-
chale d'Ancre*, et sa spirituelle comédie, *Quitte
pour la peur*, sont là pour l'attester. Il faut y
joindre ses belles traductions de Shakespeare,
Othello et *Schylok*, qui prouvent que le génie seul
sait se faire, quand il lui plaît, l'heureux et fidèle
interprète du génie.

Du reste, dans cette appréciation des travaux
d'Alfred de Vigny, pour prouver notre franchise et
notre impartialité, nous allons joindre quelques
critiques à nos éloges. Ainsi nous avouerons que,
de tous les ouvrages de notre auteur, celui qui a
eu le succès le plus étendu, c'est-à-dire *Cinq-Mars*,
est précisément l'œuvre pour laquelle nous nous
sentons le moins d'attrait. En principe, nous avons
peu de goût pour le genre du *roman historique*
qui a l'inconvénient de fausser l'histoire en l'amal-
gamant avec la fiction. Le grand orateur romain,

cherchant dans l'histoire des leçons utiles aux in-
dividus comme aux peuples, l'appelait : *magistra
vitæ*. Or quelles règles sûres de conduite les hommes pourront-ils tirer des événéments historiques,
si vous les falsifiez à leurs yeux? Au moins fallait-il
concevoir le roman historique tel que l'a tracé
Walter Scott, c'est-à-dire, n'emprunter à l'histoire
que le cadre, l'esprit et la physionomie morale de
l'époque où l'on puise le sujet; puis inventer
l'action en l'attribuant à des personnages fictifs,
— tandis que M. de Vigny, voulant que les princi-
paux acteurs de son roman fussent des personnages pareillement historiques, s'est vu forcé, pour
produire des effets brillants et dramatiques, d'al-
térer souvent les faits et de dénaturer les caractè-
res. Or cette licence est grave. L'auteur n'avait pas
le droit d'amoindrir Richelieu et de grandir Cinq-
Mars. Nous n'aimons pas non plus voir le grand
écuyer du roi se faire conspirateur et trahir son
pays par dépit amoureux ; et, dans cette circons-
tance, nous nous sentons tout disposés à prendre
contre lui le parti de sa fiancée, Marie de Gonza-
gue. En un mot, nous eussions préféré qu'Alfred
de Vigny, au lieu de nous donner un roman dans
des conditions si gênantes, eût écrit, comme il savait
écrire, un récit véridique où il nous eût peint,
dans toute la grandeur de sa réalité, l'imposante
figure d'un des plus illustres fondateurs de l'unité
française. Toutefois, malgré les inconvénients que

nous venons de signaler, l'ouvrage vivra ; car il a pour lui des scènes émouvantes représentées dans un style où la vigueur se marie à la grâce.

Arrivons à STELLO, l'œuvre la plus marquante de notre auteur, en ce sens qu'elle exprime sa règle de conduite, sa philosophie, sa conviction, sa foi. Il y démontre, à qui sait bien le comprendre, l'absolue incompatibilité de l'âme des poètes avec le monde politique ; non que ce soit indifférence ou dédain de la part de ces âmes d'élite. Bien au contraire, le vrai poète a trop de sensibilité pour être indifférent ou égoïste en présence des événements dont il est témoin; mais, comme il est altéré de la sublime soif de l'idéal, et voit les choses de loin et de haut, non comme elles sont, mais comme elles devraient être, — le poète ne pourrait servir une idée politique sans épouser, pour ainsi dire, une dissonance; car un système politique a le côté vrai et aussi le côté faux, parce qu'il est fatalement incomplet, vu l'essence bornée des choses de ce monde et les imperfections de la nature humaine. Or l'artiste, aspirant par caractère à la vérité absolue et complète, se sent déplacé au milieu de ces opinions et agitations politiques où se débattent aveuglément des intérêts éphémères et partiels.

Aussi le grand Platon bannit-il les poètes de sa République; et il les bannit parce qu'il ne sait qu'en faire ; car à quoi serviraient ces rêveurs là où il faut des fondateurs d'état et des hommes d'action ? Mais le plus profond penseur de l'antiquité, tout en bannissant les poètes, — poète lui-même quand il lui convient de l'être — n'en sent pas moins leur mérite, et les renvoie chargés de présents et couronnés de fleurs. Toutefois cet esprit, éminemment géométrique et trop subtil, se laissant emporter trop loin par le développement de son idée, finit par refuser à la poésie toute base solide, tonte mission enseignante.

D'après Platon, les poètes, imaginant ce qu'ils ne savent point, peignant vaguement ce qu'ils savent, ne sont que des *créateurs de fantômes.* Or voyez, à ce sujet, avec quelle éloquence Alfred de Vigny, au moyen d'une sublime prosopopée, évoquant la majestueuse figure d'Homère, terrasse et pulvérise l'argumentation sophistique du philosophe grec :

« Mon cher Platon, il est vrai que le pauvre
» Homère, et, comme lui, tous les infortunés im-
» mortels qui l'entourent, ne sont rien que des
» imitateurs de la nature. Il est vrai qu'ils ne sont
» pas tourneurs parce qu'ils font la description
» d'un lit, ni médecins parce qu'ils racontent une
» guérison ; il est vrai que, par une couche de
» mots et d'expressions figurées, soutenues de
» mesure, de nombre et d'harmonie, ils simulent
» la science qu'ils décrivent ; il est bien vrai qu'ils
» ne font ainsi que présenter aux yeux des mor-

» tels un miroir de la vie, et que , trompant leurs
» regards, ils s'adressent à la partie de l'âme qui
» est susceptible d'illusion. Mais , ô divin Platon,
» votre faiblesse est grande lorsque vous croyez la
» plus faible cette partie de notre âme qui s'émeut
» et s'élève, pour lui préférer celle qui pèse et qui
» mesure ! L'imagination, avec ses élus, est aussi
. » supérieure au jugement seul avec ses orateurs,
» que les dieux de l'Olympe aux demi-dieux. Le
» don du ciel le plus précieux, c'est le plus rare.
» Or ne voyez-vous pas qu'un siècle fait naître
» *trois Poètes* pour une foule de Logiciens et de
» Sophistes très-sensés et très-habiles? L'imagi-
» nation contient en elle-même le jugement et la
» mémoire, sans lesquels elle ne serait pas. Qui
» enfante l'émotion, si ce n'est l'art? Et qui ensei-
« gne l'art, si ce n'est Dieu lui-même? Car le
» Poète n'a pas de maître; et toutes les sciences
» sont apprises , hors la sienne. — Vous me de-
» mandez quelles institutions, quelles lois, quelles
» doctrines j'ai données aux villes? Aucune aux
» nations, mais une éternelle au monde. Je ne
» suis d'aucune ville , mais de l'univers. — Vos
» doctrines, vos lois, vos institutions, ont été bon-
» nes pour un âge et un peuple, et sont mortes
» avec eux ; tandis que les œuvres de l'Art céleste
» restent debout pour toujours à mesure qu'elles
» s'élèvent, et toutes portent les malheureux mor-

» tels à la loi impérissable de l'amour et de la
» pitié ! »

Certes, on ne peut mieux plaider la cause de la
poésie, et les poètes ne pouvaient avoir un plus
digne défenseur. Concluons donc hardiment, et
répétons avec l'immortel auteur de STELLO : « Les
» premiers des hommes seront toujours ceux qui
» feront d'une feuille de papier, d'une toile, d'un
» marbre, d'un son, des choses impérissables. »

Dans son autre ouvrage philosophique, intitulé :
SERVITUDE ET GRANDEUR MILITAIRES, l'auteur qui,
lui-même a porté les armes, analyse le double effet
de la discipline des camps, laquelle exaltant, d'un
côté, dans l'âme humaine le sentiment et les principes de l'honneur à leur plus haut degré, la rend,
par un revers douloureux, en d'autres circonstan-
ces, fatale, inflexible, barbare et même atroce
jusqu'au dernier excès.

Une triste et charmante nouvelle, *Laure ou le
Cachet rouge*, vient à l'appui de cette dernière
thèse.

Poète et soldat, Alfred de Vigny nous a donc ad-
mirablement décrit les côtés grands et les côtés
faibles de ces deux natures dans les conditions où
notre ordre social les oblige à se mouvoir ; et il a
très bien exprimé comment la fidélité à la parole
et la religion de l'honneur deviennent le cachet
distinctif du militaire :

« La parole, qui n'est souvent qu'un vain mot

» pour tout autre homme, devient un fait terrible
» pour l'homme d'armes ; ce que l'un dit légère-
» ment ou avec perfidie, l'autre l'écrit sur la pous-
» sière avec son sang!... et c'est pour cela qu'il
» est honoré de tous, par dessus tous, et que beau-
» coup doivent baisser les yeux devant lui. »

On comprend donc pourquoi le grand poète, à
sa dernière heure, s'est souvenu qu'il avait été
soldat; et pourquoi ses funérailles, célébrées avec
pompe, ont été escortées par une compagnie de
militaires avec armes baissées et tambours voilés
de deuil!

On a dit avec raison que l'homme de génie était
en même temps le meilleur des hommes, le cœur
le plus aimant et le plus dévoué. Les amis d'Alfred
de Vigny ont su tout ce que le cœur du poète ren-
fermait de noblesse et de générosité, à quel point
il a porté toutes les vertus civiles et domestiques. Il
y avait longtemps qu'on s'étonnait du silence de sa
muse ; on en manifestait de justes regrets. Depuis
on a pénétré le mystère de ce silence. Le poète,
désespéré, voyait souffrir, sans pouvoir mettre un
terme à leurs maux, des êtres qui lui étaient chers,
des êtres intimément unis à sa vie et à son âme
par les liens sacrés de la nature et de l'adoption. Il
avait reçu le dernier soupir de sa mère; époux
d'une femme distinguée, issue d'une noble famille
anglaise, et dont l'âme élevée, délicate, s'harmoni-
sait parfaitement avec la sienne, il eut la douleur

inexprimable de la voir languir et mourir sous ses yeux !... Hélas ! dans notre triste monde, les éléments du bonheur sont bien difficiles à réunir et à réaliser !.... Tout est promesse menteuse, amère déception ! — « Je lutte en vain contre la fatalité (di-» sait le poète à l'un de ses intimes amis) ; j'ai été » garde-malade de ma pauvre mère ; je l'ai été de » ma femme pendant trente ans ; je le suis main-» tenant de moi-même. »

En effet, il était devenu malade à son tour à force de fatigues et de veilles ! Toutefois il continuait à produire au milieu de ses poignantes épreuves ; mais, toujours plus difficile, toujours plus sévère envers lui-même, il jetait au feu la plus grande partie des travaux de ses nuits méditatives et laborieuses. Ecrivain consciencieux , l'œil toujours fixé sur l'avenir, et sachant combien peu la postérité conserve de ces montagnes de volumes que lui lègue chaque siècle, Alfred de Vigny avait fait d'avance un rigoureux triage dans ses œuvres. C'est ainsi qu'il a brulé une seconde partie de STELLO, parce qu'il n'en était pas, dit-on, satisfait sous le rapport de la conclusion philosophique. On nous dit qu'il restera pourtant de ces veilles un volume de vers encore inédits, qui ravivera l'admiration de ce bel art de la poésie, aujourd'hui si délaissé, si méconnu !... L'habile et savant traducteur de la *Divine Comédie*, M. Louis Ratisbonne, a reçu des mains du poète mourant ce précieux dé-

pôt ; fesons des vœux pour que le public littéraire
ne tarde pas à en jouir et en savourer toutes les
beautés.

La publication, éminemment désirable, de ces
œuvres posthumes, fera connaître comment et jusqu'à quel point l'ingénieux artiste aura modifié sa
manière primitive. Constatons, en attendant, pour
résumer notre appréciation critique, que M. de
Vigny nous offre un caractère à part au milieu du
groupe de nos poètes contemporains. Sous un rapport, il est en parfait contraste avec eux ; car, loin
d'avoir leur prodigieuse abondance, le luxe outré
de leur palette, et cette brillante facilité qui tient
presque de l'improvisation, — l'auteur d'*Eloa* se
distingue, tout à l'opposé, par une concentration
raffinée de style et un choix délicat d'images, qui
rappellent le procédé de ce qu'on est convenu de
nommer *l'école classique*. En un mot, M. de Vigny, loin de tout dire et de tout peindre, a toujours pratiqué l'*art de choisir*, — ce qui consti-
tue, d'après la décision de M. de Chateaubriand,
la perfection de l'art d'écrire. Son coloris, constam-
ment suave, pur, diaphane, peut se comparer à
ces nuages bleus, roses, dorés, empreints des plus
tendres nuances, dont l'horizon se pare quelques
minutes avant le lever et quelques minutes après le
coucher du soleil. Malgré certaines hardiesses de
peinture ou de pensée, l'expression du poète est
toujours d'une incomparable chasteté. Ses inno-

vations de forme ou de langage, assez rares d'ailleurs, ne font jamais violence au génie de la
Muse française; et l'on peut même souvent, à
ce sujet, appliquer à M. de Vigny le mot de
Quintilien à propos d'Horace : *Verbis felicissimè
audax.* — Répétons, en finissant, que le caractère du poète se montra toujours, comme son
talent, au-dessus de tout éloge, et qu'aucune faute, aucune faiblesse, aucune contradiction avec
ses principes, ne dérangèrent jamais le sublime
et parfait accord de sa vie avec ses œuvres.

Ce 1er novembre 1863.

FIN.

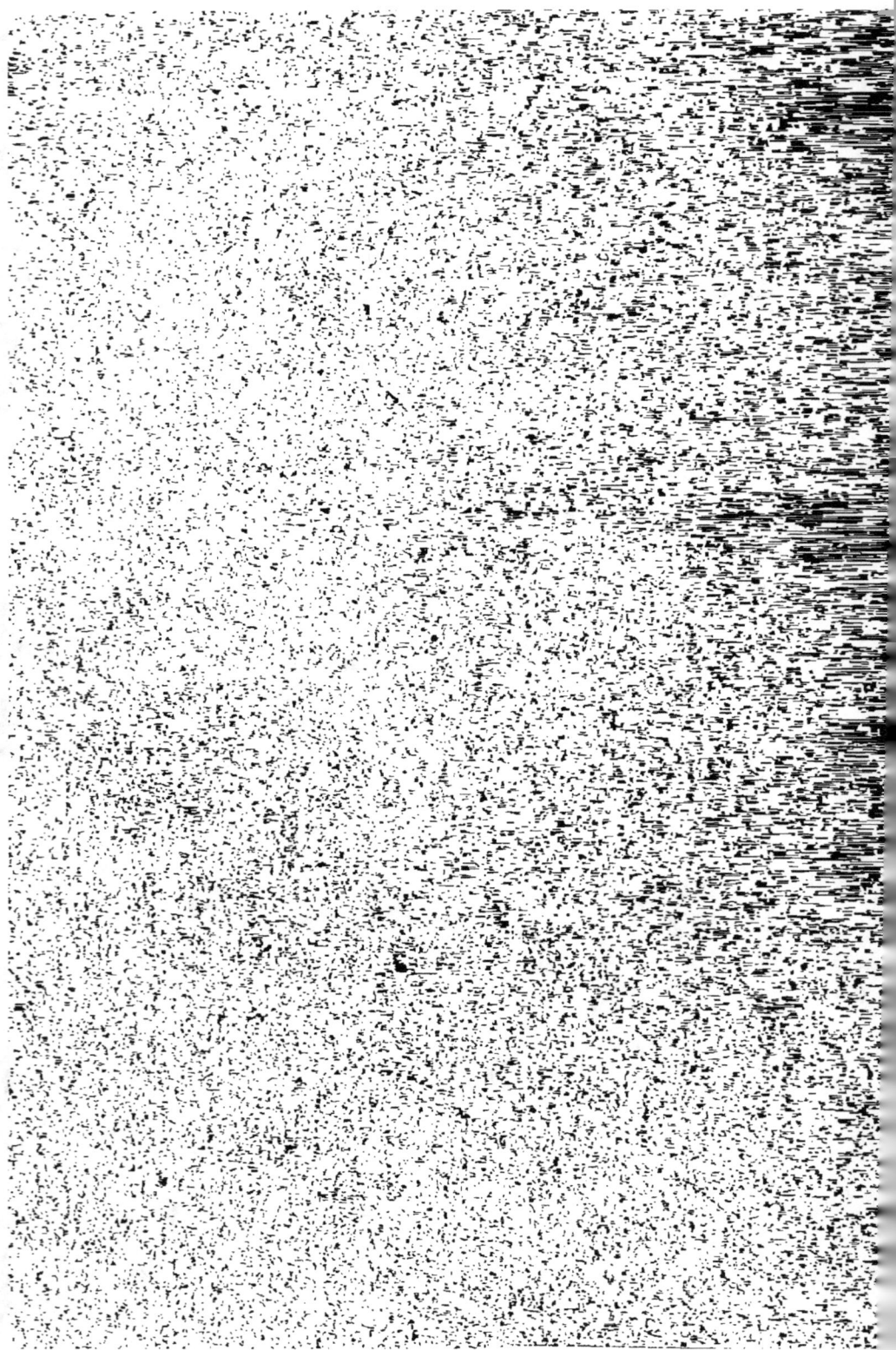

www.ingramcontent.com/pod-product-compliance
Lightning Source LLC
Chambersburg PA
CBHW060751280326
41934CB00010B/2443